Sehnsucht nach Ritualen

Immer stärker nimmt uns die »Hektik des Alltags« gefangen. Die Gedanken, die dadurch in uns entstehen, lassen uns nicht zur Ruhe kommen. Der Mensch von heute lebt in einer Gesellschaft, in der die Sehnsucht, ganz Mensch zu sein, die Sehnsucht nach Reife, die Sehnsucht nach Ritualen an den Rand gedrängt werden. Ständig kreisen in unseren Köpfen Gedanken, die geprägt sind von der Schnelllebigkeit, Globalisierung, vom »ich hab doch keine Zeit«. Rituale können uns befreien und uns einen ganz persönlichen Freiraum schenken.

Ein Mensch, der in sich ruht und nicht mehr hin- und hergerissen wird von all den Bedürfnissen, die die Welt ihm täglich bietet, ist reif geworden. Er hat alles in sich vereint, ist ein ganzer Mensch geworden, fällt nicht mehr in verschiedene Rollen auseinander, sondern ist mit sich eins geworden. Diese tiefe Sehnsucht nach Reife, nach einer inneren Einheit steckt in jedem Menschen. Doch viele Menschen fühlen sich heute eher zerstückelt und innerlich zerrissen. Sie spüren, dass sie nicht selbst leben, sondern von Familie, Gesellschaft und Kirche gelebt werden.

Sich mit sich selbst aussöhnen

Für den Schweizer Psychiater und Begründer der analytischen Psychoanalyse ***Carl Gustav Jung*** ist der Mensch polar strukturiert. Wir haben in uns Liebe und Aggression, Verstand und Gefühl, Disziplin und Disziplinlosigkeit, Kraft und Schwäche. In der ersten Lebenshälfte leben wir oft einen Pol einseitig. Dann gerät der andere Pol in den Schatten, und dieser Schatten wirkt oft destruktiv auf uns.

Zur Reifung gehört, dass ich mich mit meinen Schattenseiten aussöhne, also mit den Seiten, die ich lange in mir verdrängt habe. Dazu muss ich diese Schattenseiten anschauen und ihnen eine Daseinsberechtigung geben. Denn für Jung liegt im

Schatten immer auch eine eigene Kraft, ein wesentlicher Aspekt meiner Lebendigkeit, der nicht unterdrückt werden sollte. Besonders auf unserem spirituellen Weg laufen wir oft Gefahr, uns mit einem hohen Idealbild identifizieren zu wollen – aber je höher die Ideale, desto tiefer der Schatten. Jung empfiehlt daher, wie bereits die frühen Mönche, die Demut als eine entscheidende Tugend, denn sie verlangt, dass wir unsere Schattenseiten ehrlich anschauen und uns mit ihnen aussöhnen. Auf diesem Weg zur Demut können uns Rituale helfen. Das spüren viele Menschen.

Für ***Erik Erikson***, einen amerikanischen Psychologen, gehört unter anderem zur Reife, dass ich mich auf das Wagnis der Intimität einlasse, dass ich fähig bin zu guten menschlichen Beziehungen. Voraussetzung dafür ist allerdings ein sicheres Selbstgefühl, ein Gespür dafür, wer ich selbst bin. Ohne eine klare Identität geraten wir in der Begegnung mit anderen Menschen oft in Abhängigkeit oder Hörigkeit. Von Integrität spricht Erikson, wenn es mir gelingt, dieses eine Leben, das mir gegeben ist, anzunehmen und zu gestalten und mich auf die Begrenztheit meines Lebens einzulassen.

Nur wenn ich Ja sage zu diesem einen Leben, das Gott mir geschenkt hat, werde ich an diesem Leben bewusst bauen und mich mit meinen Grenzen aussöhnen. Nur dann kann ich innerhalb dieser Grenzen das zur Entfaltung bringen, was in mir steckt. Während unserer Entwicklung hin zur inneren Reife und Selbstfindung können Rituale immer wieder entlasten, guttun, uns hilfreich zur Seite stehen: Sie helfen, unserem Leben Klarheit, Ordnung, Tiefe und Farbe zu geben und zu wertvollen Wegbegleitern zu werden.

Was sind Rituale?

Rituale sind geregelte Handlungen und Abläufe, mit deren Hilfe man sich die tiefere innere Bedeutung einer meist alltäglichen äußeren Handlung erschließen kann. Sie sind positive Gewohnheiten, die uns regelmäßig an das Wesentliche erinnern und auch den Raum dafür schaffen. Ein Ritual (im engeren Sinn) lebt von der Wiederholung in Zeit, Form und Ort. Im weiteren Sinn können Zeit und/oder Ort auch variieren, insbesondere bei »kleineren« Ritualen wie zum Beispiel das Segnen eines frischen Brotes vor dem Anschneiden.

Rituale beziehungsweise ritualisierte Handlungen gibt es seit Beginn der Menschheitsgeschichte. Sie haben zumeist eine religiöse oder kultische Ausrichtung und wurden vollzogen, um den Schutz und Beistand der Götter zu erbitten. Rituale lassen sich bereits in der Steinzeit finden. Zum einen sollten sie das Überleben – das bedeutet in der Zeit der Jäger und Sammler vor allem den Jagderfolg – sichern, zum anderen dienten Begräbnisrituale dem Übergang in eine andere Welt. Später kamen dann mit dem Beginn des Ackerbaus noch Bestell- und Ernterituale hinzu, die sich, wie zum Beispiel das Erntedankfest, bis in die heutige Zeit erhalten haben.

Rituale sind schon immer Bestandteil einer jeden Religion und Kultur. Durch sie werden diese gefestigt und erfahrbarer gemacht. Laut mehreren amerikanischen Studien sind religiöse Gemeinschaften umso langlebiger, je stärker sie von Ritualen und festgelegten Handlungen geprägt sind. In der katholischen Kirche wird der Ritualbegriff beziehungsweise der Begriff des Ritus, bezogen auf die Gesamtheit der gottesdienstlichen Formen, seit dem Mittelalter verwendet.

Es gibt zwei Formen von Ritualen: Entweder ich nehme mir bewusst Zeit für die Meditation, für das Gebet, für die Bibellesung, für eine Gebärde. Oder aber ich tue das, was ich tue, in einer ganz bestimmten Weise. Jeder von uns steht morgens auf. Die Frage ist, wie ich aufstehe, ob ich mich sofort von den Terminen bestimmen lasse oder aber von Gottes Segen. Das braucht keine Minute länger. Aber wir haben dann den Eindruck, dass der Tag uns gehört, dass wir in Verbindung mit Gott sind und dass uns das Leben Freude macht. So kann ich mir angewöhnen, täglich mit einem Bibelvers aufzustehen, etwa: »Der Herr ist mein Licht und mein Heil, vor wem sollte ich mich fürchten?« oder: »Zeige mir, Herr, deine Wege, lehre mich deine Pfade!« Da wird der Tag anders beginnen. Gott selbst führt mich mit seinem Wort in den Tag und schenkt mir die Gewissheit, dass Er alle Wege mit mir geht, dass Er mich beschützt und mich segnet, damit alles, was ich heute anpacke, selbst zum Segen für andere werde.

Rituale schenken Lust am Leben

Das Bedürfnis nach Ritualen spielt eine immer größere Rolle im Alltag der Menschen. Dabei geht es nicht nur um religiöse Rituale, sondern immer häufiger auch um persönliche Rituale, die den Alltag prägen, Rituale, die mir eine gewisse Sicherheit und Festigkeit in meinem Leben geben. Es sind individuelle Rituale, die den Blick auf Alltägliches, Banales schärfen, die uns lehren, achtsamer zu leben.

Rituale haben verschiedene Funktionen: Zum einen vermitteln Rituale ein Gefühl der eigenen Identität. Ich bin dem Leben mit seinen Zwängen nicht einfach ausgeliefert. Ich gestalte mein Leben selbst. Es ist mein Tag, den ich so beginne und beschließe. Es ist mein persönliches Leben, das ich so forme, wie es für mich stimmt. Gerade Menschen, die unsicher sind, die wenig Selbstwertgefühl besitzen, können durch gute Rituale zu sich selbst finden und die eigene Identität entdecken und spüren.

Nach ***Sigmund Freud*** haben die Rituale noch eine andere Bedeutung: Sie bannen die Angst. Jeder Mensch kennt die Angst vor dem Unbekannten, Bedrohlichen, Gefährlichen. Das immer gleiche Ritual befreit mich von dieser Angst. Es schafft mitten im Chaos und in der Undurchschaubarkeit des Lebens eine klare Ordnung. Es schenkt mir Geborgenheit und Sicherheit und drängt dadurch die Angst in mir zurück. Für ein kleines Kind ist zum Beispiel das Ritual vor dem Schlafengehen ganz wichtig. Es schenkt ihm Geborgenheit und Sicherheit und nimmt ihm die Angst vor der langen dunklen Nacht und vor der Einsamkeit der Nacht.

Die dritte Bedeutung der Rituale ist, dass sie Lust am Leben schenken. Ich habe Lust, mein Leben so zu gestalten, wie ich es tue. Ich lebe selbst, anstatt gelebt zu werden. Ich entwickle Phantasie, um meinem Leben eine Form zu geben, die mir Spaß macht. Ich habe das Gefühl, dass ich wirklich lebe, dass ich Lust an meinem Leben bekomme.

Aus vielen biblischen Geschichten, zum Beispiel der Geschichte von der Himmelsleiter (Gen 28), können wir weitere Bedeutungen der Rituale für unser Leben herauslesen:

Rituale sind etwas Handfestes. Ich nehme eine Kerze in die Hand und zünde sie an. Das Handfeste, das ich berühre, bringt mich in Berührung mit Gott. Ein Ritual bringt mich in Verbindung mit oft alltäglichen Ereignissen in meinem Alltag, und hier kann auch der Ort sein, an dem ich Gott erfahren darf. Gott wird durch ein bestimmtes Ritual begreifbar und sichtbar und lässt mich dadurch seine unendliche Liebe erfahren. Auch wenn ich manchmal das Gefühl habe, Gott sei mir fern, er lässt mich allein, kann mich ein Ritual in meinem Glauben an Gott festigen, stark machen für das wundervolle Geschenk des Lebens. Und ich darf immer wieder neu danken für dieses großartige Geschenk Gottes. Dieses Geschenk des Lebens lässt mich banale Dinge des Alltags, die Schönheit des Himmels, der Sonne neu entdecken und bewusst wahrnehmen und ich merke, wie sich mir darin Gott offenbart.

Rituale öffnen den Himmel über meinem Leben. Sie sind mehr als Gewohnheiten. Sie haben eine religiöse Bedeutung. Sie treten heraus aus den Alltagsgewohnheiten, sind viel mehr als bloßes, eingespieltes Routineverhalten. Vom Ursprung her haben Rituale oftmals eine religiöse Wurzel. Sie wollen uns zeigen, dass sich das ganze Leben im Angesicht Gottes vollzieht und dass es unsere tiefste Sehnsucht ist, diese Welt zu übersteigen hin auf das Geheimnis Gottes.

Rituale sind die Vergewisserung, dass mein Leben gelingt, dass es unter dem Segen Gottes steht. Durch das Entzünden einer Kerze beispielsweise drücke ich aus, dass Gottes Licht in meine Dunkelheit leuchtet und sein Licht viel stärker ist als alle Dunkelheit, dass seine Liebe wärmt und behütet und die Kälte dieser Welt überwindet. Durch den Vollzug eines Rituals drücke ich meinen Glauben an die Zusage Gottes aus, sodass mein Leben heil wird und ganz.

Rituale schaffen eine heilige Zeit und einen heiligen Ort. Die Zeit des Rituals gehört mir. Darüber hat niemand zu verfügen. Da kann ich aufatmen. Und da komme ich in Berührung mit dem heiligen Raum in mir, in dem Christus in mir wohnt. Mit einem Ritual nehme ich mir ganz bewusst Zeit, ich gebe meinem Tag ein eigenes Gesicht, lasse mich nicht von der Zeit bestimmen, sondern präge sie selbst. Wenn ich ein Ritual vollziehe, nehme ich mir diese heilige Zeit, das lässt mich frei atmen. Die Sorgen der Welt sind mir nicht mehr wichtig, niemand möchte in dieser heiligen Zeit etwas von mir. Diese heilige Zeit schafft mir Ruhe, ich darf teilhaben an der Sabbatruhe Gottes. Das Ritual nimmt mir all den Zeitdruck. Es ist eine angenehme Zeit, eine geschenkte Zeit, eine heilige Zeit, eine Zeit der Gnade, die ich voll und ganz genießen darf. So komme ich mit dem heilen Kern in mir in Berührung.

Rituale sind Erinnerungszeichen. Wir wissen alle, dass Gott gegenwärtig ist. Aber es braucht die Erinnerung, die Gott in unser Inneres hineinbringt. Rituale bringen das, was ich von meinem Verstand her weiß, in mein Herz. Sie erinnern mich daran, dass Gott in mir ist. Solche Erinnerungszeichen machen uns bewusst, wer wir eigentlich sind: Söhne und Töchter Gottes. Sie erinnern uns, dass Gott mit uns geht und uns auf unseren Wegen schützt und segnet. Erinnerungszeichnen öffnen uns die Augen für die Allgegenwart Gottes.

Rituale sind die Vergewisserung der zärtlichen Liebe Gottes. Indem ich die Kerze, das Kreuz, die Ikone zärtlich berühre, drücke ich Gottes zärtliche Liebe mir gegenüber aus.

Rituale schaffen Heimat. Sie geben mir ein Gefühl von Geborgenheit. Und sie geben mir Anteil an den Glaubens- und Lebenswurzeln meiner Vorfahren. Wenn wir die alten Familienrituale an Weihnachten feiern, dann ist das nicht Nostalgie, sondern gibt uns das Gefühl: Wir haben teil am Glauben unserer Vorfahren, die mit diesen Ritualen ihr Leben gemeistert haben. Wer keine Wurzeln mehr hat, der reagiert viel eher mit Depressionen auf Schwierigkeiten in seinem Leben. Die Wurzeln, an die uns die Rituale anschließen, geben unserem Leben Kraft.

Die deutsche Sprache sieht Heimat, Heim und Geheimnis zusammen. Daheim sein kann man nur, wo das Geheimnis wohnt. Nur dort ist wirkliche Heimat, wo das Geheimnis Gottes mich umgibt. In Ritualen spüre ich, dass ich nicht alleine bin.

Durch das Ritual kann ich auf Gottessuche gehen. Gott suchen heißt dabei auch, immer wieder von neuem nach ihm zu fragen. Ich darf im Ritual fragen: Ist das, was wir hier von Gott erkennen, der wahre und eigentliche Gott? Was meint das, was wir mit Gott bezeichnen?

Gott suchen verlangt dann auch ein Suchen nach authentischem Menschsein. Durch mein Suchen gerate ich auf die Spur meiner eigenen Lebendigkeit. Meine Lebendigkeit ist der eigentliche Ort der Gottesbegegnung und Gotteserfahrung. Doch was macht meine Lebendigkeit aus? Fast immer ist es etwas, was ganz fesselt, was mich in den Bann zieht, was wichtiger ist als all die kleinen Alltagsprobleme.

So kann beispielsweise ein Ritual, das mich fesselt, eine ganz bestimmte Melodie sein, bei deren Lauschen ich meine Lebendigkeit spüre und von Gott in die Tiefe, in meine Mitte geführt werde.

Das Ritual bringt mich in Berührung mit meiner Quelle von Lebendigkeit, Liebe, Freude und Schönheit. Es lässt meine Beziehungen zu anderen tiefer werden und kann so zum Segen werden für unser

Leben und unser Miteinander. Ich habe die Möglichkeit, innezuhalten und ganz bei mir zu sein.

Rituale eröffnen die Chance, Gefühle in mir zu erkennen und auch zu deuten. Gefühle, die ich sonst nie erkenne, die im Alltag verloren gehen oder oft auch missgedeutet werden. Sie laden ein, genau hinzuschauen und diesen Gefühlen Raum zu geben in meinem Leben. Durch Rituale fühle ich mich identisch mit mir selbst. Durch mein persönliches Ritual am Anfang des Tages zelebriere ich gleichsam meinen Tag und mein Leben. Dabei fühle ich, dass ich selbst lebe, anstatt gelebt zu werden. Ich empfinde und erfahre mich selbst in den Ritualen.

Rituale sind der Ort der Begegnung mit mir selbst und mit Gott. Dass dieses Licht mich in die Verheißung Gottes führt und dass mir seine Verheißung die Gewissheit bringt, dass mein Leben gelingen wird. Auch an mir wird Gott das tun, was er mir versprochen hat. Durch seinen Sohn Jesus Christus hat er mir Heil und Erlösung verheißen, und dies wird mir zuteil. Ich darf mich ganz auf ihn verlassen, darf mich ihm ganz hingeben.

Rituale sind ein konkreter Weg zu einem sinnvollen Leben. Sie bringen mich in Berührung mit mir selbst und mit meiner Mitte, mit meinem wahren inneren Kern. Ich lasse das Gefühl zu, ganz bei mir zu sein und ganz in mir zu ruhen. Dann kann ein Ritual der Ort sein, an dem ich Gott begegne.

Die Rolle von Ritualen

Für den mittelalterlichen Mystiker ***Meister Eckhart*** ist das Schweigen das Edelste, was der Mensch zu bieten hat. Rituale führen mich an den Ort des Schweigens. Nichts fordert mich mehr. In diesem inneren Ort des Schweigens, zu dem nie ein Gedanke gelangt, an dem wir nicht planen und überlegen und über andere nachdenken und sie beurteilen, an dem Ort, an dem wir aufhören, uns selbst zu bewerten. Hier tritt Gott ganz neu an mich heran, hier wird Gott in mir selbst neu geboren. Gott selbst befreit mich hier von all den Gedanken und Bildern, die ich mir übergestülpt habe. Da bringt mich Gott in Berührung mit dem unverfälschten Bild, das er sich von mir gemacht hat. Dadurch werde ich selbst, werde frei von Zwängen, mich beweisen oder erklären zu müssen.

Oft fühlen wir in uns eine Sehnsucht nach mehr Lebensqualität. Wir spüren, dass es noch mehr gibt, als das, was uns der Alltag bietet. Wir spüren, dass es einen Weg gibt, Gott zu erfahren. Dabei kommt dem Wort »Erfahrung« eine große Bedeutung zu.

Das deutsche Wort »Erfahrung« kommt von »fahren, reisen«. Wer auf die Fahrt geht, wer aus sich herausgeht, wer seinem engen Gefängnis entflieht, wer bereit ist, sich auf neue Länder einzulassen, der wird er-fahren. Ein Erlebnis der Erfahrung verlangt also eine innere Offenheit, ein Sichaufmachen, ein Achtsamwerden, ein Bewusstwerden, um Neues in sich einzulassen. Ich muss bereit dazu sein, etwas zu erfahren. Es hängt also von meiner inneren Offenheit und meiner Bereitschaft ab, mich von dem, was mir begegnet, betreffen und anrühren zu lassen. Wenn wir uns darauf einlassen und achtsam sind, führen uns die Erlebnisse, die wir auf unserer Fahrt machen, in das Geheimnis

Gottes hinein. Wir können Gott nicht durch Experimente beweisen. Aber wir können das, was wir in unserer Achtsamkeit erleben, bewusst auf das Hintergründige hin prüfen, also auf das, was durchscheint. Und dann kann manchmal Gott selbst aufleuchten.

Gotteserfahrung geschieht für ***Karl Rahner*** immer dort, wo der Mensch sich selbst radikal erfährt, wo er seiner Erfahrung von Liebe, Treue und Hoffnung auf den Grund geht. Ein Ritual kann für diese Erfahrung von Hilfe sein, denn in jeder tiefen menschlichen Erfahrung ist der Mensch auf Gott verwiesen und greift über sich hinaus in das absolute Geheimnis Gottes, das ihn umgibt. Und genau dort, wo der Mensch auf sich selbst zurückgeworfen ist und sich selbst in der Einsamkeit eines Rituals aushält, genau dort erfährt er Gott. Wenn man plötzlich hineingeworfen wird und sich seiner Freiheit und auch Verantwortung vollkommen bewusst wird und keine Ausflucht mehr zulässt, wenn es keine Entschuldigung, keine Anerkennung und keinen Dank gibt, wenn kein Beifall unterstützt, dann geschieht die Erfahrung der personalen Liebe und Begegnung, dann erlebt man ein bedingungsloses Angenommensein, obwohl sich dafür kein Grund und keine zureichende Begründung findet. Die Unbegreiflichkeit dieser Erfahrung lässt eins werden, eins werden mit der gesamten Schöpfung. Doch nicht nur eine tiefe Sehnsucht nach Gott erfüllt den Menschen, sondern zugleich umgibt uns eine Verdunkelung Gottes.

Martin Buber spricht von der Zeit der Gottesfinsternis. Da die Sonne Gottes nicht mehr leuchtet, irrt der Mensch durch die Finsternis. Doch auch diese Erfahrungen von Finsternis, die wir durch Rituale erfahren dürfen, führen uns letztlich zu Gott. In dunkler Nacht nimmt Gott selbst uns in seine Schule. Er zwingt uns, unsere Projektionen und Bilder von Gott zu unterscheiden, und läutert uns immer mehr, sodass wir nicht mehr unseren eigenen Vorstellungen von Gott nachlaufen, sondern uns dem ganz anderen Gott öffnen, der jenseits unserer Sinne ist. Immer wieder geraten wir in dieses typische Paradox, wenn wir von Gott und Gotteserfahrung sprechen. Einerseits benötigen wir Bilder von Gott, andererseits müssen wir diese aber immer wieder hinter uns lassen, um uns für Gott als dem Unbeschreiblichen und Unbegreiflichen zu öffnen.

Der heilige ***Benedikt*** hat sich vor 1500 Jahren die Frage gestellt, wie die Menschen konkret das Evangelium leben könnten. Für ihn gab es kein geistliches Leben ohne gesunde Struktur des Tages und ohne heilende Rituale. Seine Spiritualität ist eine »geerdete Spiritualität«, eine ganz konkrete Spiritualität, die sich in einer gesunden Lebensordnung ausdrückt. Er wollte mit seiner Regel zeigen, wie sich ein Leben nach dem Evangelium konkret in einer gesunden Tagesordnung, in einer klaren Struktur des Betens und des Arbeitens, in einer ausgewogenen Aufteilung in Zeiten der Stille und des Redens, der Einsamkeit und der Gemeinschaft, der Aktion und Kontemplation und in guten Umgangsformen der Mönche untereinander ausdrücken kann. Diese Regel, verbunden mit den gemeinsamen und persönlichen Ritualen, schafft eine gesunde Lebenskultur, die nicht nur denen guttut, die sie befolgen, sondern auch die Welt um sich herum positiv beeinflusst.

Für den heiligen ***Augustinus*** ist die Sehnsucht das Grundexistenzial des Menschen. Jeder Mensch sehnt sich im Grunde nach Gott, nach Geborgenheit und nach Liebe, nach wahrer Heimat, nach

Echtheit und Freiheit. Gott selbst hat uns diese Sehnsucht ins Herz gelegt. Rituale können uns zur Ruhe kommen lassen, und durch diese Ruhe können wir unseren göttlichen Wert in Gott erfahren. Wir können der Sehnsucht nach Gott über das Gebet nachgehen. Im Ritual des Betens, bei dem ich die Hände über die Brust kreuze, komme ich wieder mit meiner tiefsten Sehnsucht, die auf dem Grund meines Herzens schon da ist, in Berührung. Dann erahne ich, dass in mir eine Sehnsucht ist, die mich erst ganz zum Menschen macht, die Sehnsucht nach Gott, die Sehnsucht nach der göttlichen Liebe. Ich fühle mich dabei ganz frei.

Es gibt die schöne Geschichte »Der verlorene Stern« von Ernst Wiechert. Ein deutscher Soldat kommt aus russischer Gefangenschaft nach Hause und freut sich, endlich daheim zu sein. Nach einigen Wochen aber merkt er, dass er sich gar nicht richtig daheim fühlt. Er spricht mit seiner Großmutter darüber. Im Gespräch miteinander entdecken die beiden, dass der »Stern« in diesem Haus verlorengegangen ist, dass in diesem Hause das Geheimnis nicht mehr wohnt. Nur noch an der Oberfläche wird gelebt. Es wird geplant, gebaut, ausgebessert, man kümmert sich, dass das Leben irgendwie funktioniert. Das Eigentliche jedoch ist verloren gegangen, der Stern der Sehnsucht ist verschwunden. Dort, wo der Stern der Sehnsucht aus unserem Herzen gefallen ist, dort können wir uns auch nicht mehr zu Hause fühlen.

Viele Menschen werden heute von diffusen Ängsten gequält, die ihre Begründung oft in einem formlosen Dahinleben haben. Eines Tages wird kein Sinn mehr darin gefunden, es schleichen sich Ängste ein, Ängste, ob mein Leben gelingt, die Angst, im Leben zu versagen, die Angst, dass das Leben mich bestraft. Rituale haben hier eine wichtige Bedeutung. Auch wenn die Angst bannende Wirkung der Rituale manchmal auf magischen Vorstellungen beruht, so kann sie doch beruhigen. Bei Kindern wird dies besonders deutlich, wenn sie immer die gleichen Gute-Nacht-Rituale benötigen, um die Angst vor dem Unheimlichen und Unbekannten der Nacht zu bannen. Sie brauchen ein bestimmtes Ritual, ein bestimmtes Märchen oder Einschlaflied, das ihnen die Angst vertreibt. Nur dadurch fühlen sie sich geborgen, die Angst vor dem Bedrohlichen in der Nacht schwindet.

Für ***Carl Gustav Jung*** haben Rituale eine dreifache Bedeutung: Sie transformieren die Libido, die Lebensenergie, in geistige Energie, sie stiften Sinn, und sie haben als Teil der Religion eine heilende Wirkung auf die Seele der Menschen. Für Jung leiten Rituale die Triebenergie um in eine geistige Energie oder in den Antrieb zu Arbeit und Leistung. Sie nehmen dem Menschen die Angst vor dem, was er für sich als notwendig erachtet. Zum Beispiel hat der Mensch Angst vor der Jagd, wobei andererseits die Jagd jedoch lebensnotwendig ist. Zur Überwindung der gefährlichen Angst veranstaltet der Mensch nun einen Ritus, der die Kräfte aktiviert, die in ihm stecken, und leitet diese Kräfte auf die angestrebte Tätigkeit hin um.

Für diesen Weg der Menschwerdung nennt Jung fünf Schritte: Annehmen, Loslassen, Einswerden, Verwandeltwerden, Neuwerden. Diese fünf Schritte wird jeder durchlaufen, der sich auf den Weg zu seinem wahren Selbst macht, wobei die Reihenfolge und Intensität nicht immer dieselbe sein wird, manchmal ist das Annehmen wichtiger, ein andermal das Loslassen oder das Einswerden oder Neuwerden. Annehmen und Loslassen bilden ein Duo auf dem Weg zur Mensch- und Selbstwerdung. Was ich auch wirklich angenommen habe, kann ich auch loslassen. Das, was ich mit aller Gewalt loswerden will, bleibt an mir haften wie eine Klette. Rituale helfen mir bei diesen fünf Schritten und lassen mich die Paradoxien, die mein Verstand oft nicht annehmen kann, spüren und annehmen.

Oft glauben wir, wir könnten alles mit unserem alleinigen Willen erreichen. Wozu brauchen wir komplizierte Riten? Doch vor schwierigen Unternehmungen stellen wir oft fest, dass die Willenskraft allein nicht ausreicht. Dann greifen wir gerne zurück auf althergebrachte Bräuche und Rituale. Es braucht also nur etwas unsichere Konditionen, um die »magischen Umständlichkeiten« wieder auf ganz natürliche Weise zu beleben. Denn durch die Zeremonie werden tiefere emotionale Kräfte ausgelöst.

Die Riten besitzen auch eine heilende Kraft. Aus dem Unbewussten steigen ungebändigte und scheinbar willkürliche Kräfte empor, mit denen der Mensch allein durch Verstand und Willen nicht klarkommt. Schutz dagegen können Rituale bieten, die gleichsam als Wächter den Menschen vor den Gefahren der Psyche und insbesondere vor den selbstständig erscheinenden Mächten des Unbewussten schützen. Rituale können dabei oft wirksamer heilen als die bloße Einsicht, dass es sich bei dem Problem um nichts als Einbildung handelt.

Peter Schellenbaum beobachtet zum Beispiel in einer Gruppentherapie oder auch im Einzelgespräch, dass Menschen manchmal Spontanrituale entwickeln, die dann genau die Spur der Heilung angeben. Die Krankheit entstehe, so Schellenbaum, oft durch ganz bestimmte krankmachende Rituale. Spontanrituale zeigen an, wie krankmachende Rituale gewandelt werden können. Schellenbaum beschreibt, wie ein Mensch in einem therapeutischen Prozess eine Spur findet, die ihn zur Heilung seiner Wunden und zur Lebendigkeit und Freiheit führt.

Auch in den Ritualen unseres Alltags geht es nicht darum, dass wir uns irgendwelche Rituale überstülpen, sondern dass wir für uns persönliche Rituale entwickeln, die uns zum Leben führen. Vorgefertigte Rituale dienen dabei lediglich als Anregung für solche persönlichen Rituale. Sie können dich auf den Weg bringen, deine ureigenen Rituale zu finden, zu zelebrieren und zu entfalten.

Rituale können dir helfen, deinen Alltag, deine bisherigen Gewohnheiten zu überdenken. Vielleicht hat sich auch bei dir wie bei vielen Menschen der Fernseher als Abendritual breitgemacht – du musst nicht mehr selbst aktiv werden, du lässt dich berieseln. Doch du merkst selbst, dass dieses Konsumieren dich unzufrieden und träge macht und dein ganzes Leben beeinträchtigt. Ein Ritual oder auch ein bewusstes Musikhören und -genießen lässt dich hineinfallen in die Musik und kann dir Räume öffnen, die dir sonst verschlossen bleiben.

Rituale als Wegweiser zum Wort

Ein gesundes Ritual ist zum Beispiel das regelmäßige Gebet, vielleicht auch in Form einer Schriftlesung. Das Abendgebet beispielsweise schafft Distanz zu den Ereignissen des Tages. Ich darf meinen Ärger Gott hinhalten und lasse ihn so ein Stück los, und ich danke Gott für all das, was heute gelungen ist. So kann ich meinen Tag einfach Gott übergeben und das Gefühl, in einer Tretmühle und hin und her getrieben zu sein, loslassen. So beschließe ich den Tag wirklich, und ein neuer darf beginnen.

Ich darf im Abendgebet Gott auch um gute Träume bitten und um seine heiligen Engel, die mir im Traum sagen mögen, wie es um mich steht und was er mit mir vorhat, worauf ich achten soll und wo mögliche Lösungswege liegen.

Das muss kein großartiges Ritual sein, es reicht oft auch nur ein Innehalten, ein Dank für den Tag.

Die Gebärde der offenen Hände kann mir helfen, den Tag mit allem, was war, Gott zu übergeben.

Ein Wort aus der Bibel, zum Beispiel ein Psalm, kann zum Ritual werden. Suche dir ein Wort oder einen Satz aus der Bibel und lass diesen im Einklang mit deinem Atem in dir wirken. Beobachte dabei, was dieser Vers mit dir macht. Bedenke dabei auch, dass gerade die Psalmen Worte sind, in denen Menschen seit vielen tausend Jahren ihre Gotteserfahrungen reflektiert haben. Im Moment des Sprechens dieser Worte trittst du mit ihnen in eine Bet- und Glaubensgemeinschaft.

So ritualisiert, können Worte einen Zugang zu Gott schaffen. Einen Zugang, der dich immer näher an deinen Ursprung bringt und dir den Weg zum Geheimnis Gottes zeigt. Dem Geheimnis, dass die Energie für ein erfülltes Leben in Einklang bringt, mit allem, was ist.

Segensrituale

Das Thema des Segens wird immer stärker in das Bewusstsein der Menschen gehoben. Offensichtlich spricht der Segen eine tiefe Sehnsucht der Menschen an.

Das Wort »Segnen« kommt vom lateinischen »signare« und bedeutet so viel wie »mit einem Zeichen versehen«. Es steckt darin eine tiefe Sehnsucht, von Gottes Hand berührt und von diesem Segen im Alltag begleitet zu werden. Menschen möchten gesegnet werden, weil in ihnen die tiefe Hoffnung und das Verlangen liegt, dass das Leben nicht so sehr von den Wünschen und Verwünschungen, von den Erwartungen und Ansprüchen der Menschen bestimmt wird, sondern unter dem Segen Gottes steht. Wenn du unter dem Segen Gottes stehst, lebst du in der Sicherheit, dass dein Leben gelingt und Gott dich an ein sicheres Ziel führt.

Durch sichtbare Zeichen und Rituale gelingt es noch stärker, den Weg zu mir selbst, den Weg zu Gott zu finden. Schon immer haben solche Rituale und Symbole den Menschen geholfen, Zugang zu sich, zur Welt und zu Gott zu finden. Sie waren ein Schlüssel für einen geheimnisumwobenen Raum.

Die Segensrituale auf den beiliegenden Karten sollen für dich so ein Schlüssel sein, der dich in das Geheimnis der Stille führt, auf den Weg zu deinem göttlichen Kind, das dich an die Hand nimmt und dich führt zu einem friedvollen Leben mit anderen, einem Leben in und mit Gott.

Der Umgang mit den Ritualkarten

Ich möchte dich, lieber Leser, liebe Leserin, einladen, einmal deinen Alltag durchzugehen und zu überlegen, welche Rituale du schon hast und auf welche Rituale du Lust hast.

Die beiliegenden Karten wollen dich zum bewussten Sein führen und dich öffnen für die Kraft, die in dir wohnt. Sie wollen dich einladen, deinen Alltag, deine bisherigen Gewohnheiten zu überdenken.

Sie sollen dir aber auch eine Anregung sein, deine eigenen Rituale zu entdecken und zu leben. Sie lassen sich ganz beliebig verändern und erweitern. Traue deinem eigenen Gefühl. Wenn dich ein Ritual besonders anspricht, wiederhole es. Wenn du spürst, dass du etwas verändern musst, um dich ganz auf das Ritual einzulassen, verändere es.

Ein Ritual oder das Einüben eines Rituals muss nicht notwendigerweise lange dauern. Wichtig aber ist, dass du wirklich bereit bist, dich ganz darauf einzulassen. Achte darauf, dass du alleine bist und nicht gestört werden kannst.

Nimm dir zum Beispiel für jeden Tag eine Ritualkarte vor und lass diese Karte dein Begleiter durch den Tag sein. Immer wenn du in eine Situation kommst, die dir vielleicht Angst macht oder unangenehm ist, hole dir in Gedanken dein Ritual für diesen Tag zurück: Du wirst spüren, dass es dich stärkt und du nach und nach deine Angst verlierst. Du fühlst, dass du durch dieses Ritual zurück zu dir selbst findest, zurück zu deiner eigenen Stärke und Zuversicht. Du spürst darin Gottes Licht und erkennst, dass dein Leben nicht so eng und so leer ist, wie du es manchmal empfindest. Sein Licht in dir will alles in dir erleuchten, heilen und mit Liebe und Hoffnung erfüllen. Deine Bereitschaft, dich auf Rituale einzulassen, führt dich Schritt für Schritt auf den Weg zu dir, auf den Weg zu Gott. Zum Einssein mit dir selbst, mit deinen Mitmenschen und mit der gesamten Schöpfung.

Die Texte und Rituale entstammen unter anderem aus folgenden Büchern von Anselm Grün:

Das Sakrament der Taufe, Münsterschwarzach 2008.

Damit dein Leben Freiheit atmet, Münsterschwarzach, 4. Aufl. 2007.

Die Kunst, erwachsen zu werden, Münsterschwarzach 2010.

Du bist ein Segen, Münsterschwarzach, 5. Aufl. 2007.

Exerzitien für den Alltag, Münsterschwarzacher Kleinschriften Band 106, Münsterschwarzach, 8. Aufl. 2006.

Höre, so wird deine Seele leben, Münsterschwarzach 2008. Spiritualität – Damit dein Leben gelingt, Münsterschwarzach 2007.

Rituale des Alltags, Münsterschwarzacher Ruf in die Zeit, Ausgabe September 2010, Abtei Münsterschwarzach.

Wenn du Gott erfahren willst, öffne deine Sinne, Münsterschwarzach 3. Aufl. 2001.